나만
죽고 싶은 줄
알았지

글 단무지

danmuzi studio

나만 죽고 싶은 줄 알았지

글·그림 단무지

○ 목차

들어가며　　　　　　　　　　　　　**p.008**

첫 번째, 살고 싶다, 고양이 너처럼　　**p.018**

두 번째, 나만 죽고 싶은 줄 알았지　　**p.028**

세 번째, 죽고 싶다는 말의 의미　　　**p.048**

네 번째, 죽고 싶은 우리들　　　　　**p.066**

다섯 번째, 왜곡된 기억들　　　　　　**p.080**

여섯 번째, 죽을 힘을 다하여　　　　　**p.090**

일곱 번째, 불안에 대하여　　　　　　**p.104**

여덟 번째, 감사에 대하여　　　　　　**p.114**

아홉 번째, 나를 아는 것 **p.126**

열 번째, 가치를 아는 것 **p.136**

열한 번째, 말의 힘 **p.148**

열두 번째, 행동의 힘 **p.160**

열세 번째, 상처, 별이 되다 **p.170**

열네 번째, 거리 두기 **p.180**

열다섯 번째, 멘탈이 강하다는 것 **p.190**

열여섯 번째, 살고 싶은 우리들 **p.202**

마치며 **p.216**

들어가며

○ 들어가며

엄마에게 이 책에 관한 이야기를 했다.

'나만 죽고 싶은 줄 알았지'라는 제목의 책을 준비 중인데, 어떤 것 같으냐고. 이 책은 누구나 한 번 쯤 생각할 수 있는 '죽고 싶다'는 감정으로 출발해서, 결론은 살고 싶다는 말로 끝나는 책이라고 간략하게 설명해주었다.

엄마는 좋은 책인 것 같다고 말해주었다.
이런 말과 함께.

"나도 한 번 읽어봐야겠다. 나도 죽고 싶다는 생각을 종종 하니까."

그리고 우리는 서로 마주 보며 웃었다.

"나도 한 번 읽어봐야겠다.
나도 죽고 싶다는 생각을
종종 하니까."

무겁지도, 그렇다고 가볍지도 않은 대화였다.

이것이 내가 이 책을 쓰는 목적이다.

누군가에게는 너무 무거워서 입 밖으로도 내지 못할 말. 누군가에게는 너무 습관처럼 많이 써버려서 남들이 가볍게 지나쳐버리게 되는 말.

너무 무겁지도, 너무 가볍지도 않게. 딱 적당한 무게감을 가지고 서로의 힘듦을 이야기하고 느끼고 공감할 수 있었으면 하는 마음으로.

이 책을 읽는 당신과 당신 주변 사람들에게도 이 책이 매개체가 되어 적당한 무게감으로 힘듦을 이야기하고 공감할 수 있기를 바라며.

너무 무겁지도,
너무 가볍지도 않게.
딱 적당한 무게감을 가지고
서로의 힘듦을 이야기하고
느끼고 공감할 수 있었으면
하는 마음으로.

이 글을 시작한다.

첫 번째,
살고 싶다, 고양이 너처럼

○ 첫 번째,
   살고 싶다, 고양이 너처럼

하루는 길고양이를 보며 멍하니 있었던 적이 있다.

"너처럼 그냥 살아지는 대로 속 편하게 살면 얼마나 좋을까. 내일 먹을 것, 입을 것 걱정 없이, 과거에 대한 후회 없이, 오늘을 있는 그대로 살아내는 삶 말이야. 아무 생각 없이 오늘에 충실한 너가 참 부럽다."

그날도 아마 죽고 싶다는 생각을 하며 길을 걷고 있었을 듯 하다.

나의 경우 죽고 싶다는 마음은 보통 미래에 대한 걱정, 과거에 대한 후회에서부터 나온다.

그러다 마주친 길가의 고양이. 누구보다도 오

나도 너처럼
많은 생각을 하지 않고
단순하게 살고 싶다
생각했다.

늘에 충실한 녀석의 모습이 나에게 주는 어떤 메시지가 있었다.

고양이의 관점으로 본 삶은 너무나 괜찮았다.

그저 오늘 살아 있는 것에 감사하고, 주어진 먹을 것에 기뻐하고, 옆에 있는 고양이와 사랑하고. 푸른 풀밭과 하늘은 더 찬란하게 빛났다.

나도 너처럼 많은 생각을 하지 않고 단순하게 살고 싶다 생각했다.

당장에 배가 고프면 먹을 것을 찾아 가고, 졸리면 그늘 아래 누워 쉬며, 달리고 싶으면 푸른 벌판을 마음껏 뛰노는 너처럼.

내일의 걱정은 내일 하루로 족하리.
과거의 아픔은 과거의 힘든 날로 충분하리.

살고 싶다, 고양이 너처럼.
더도 말고 덜도 말고 딱 오늘의 주어진 무게만
감당하는 그런 삶을 살고 싶다.

살고 싶다, 고양이 너처럼.
더도 말고 덜도 말고
딱 오늘의 주어진 무게만
감당하는
그런 삶을 살고 싶다.

두 번째,
나만 죽고 싶은 줄 알았지

○ 두 번째,
　나만 죽고 싶은 줄 알았지

죽고 싶다는 이야기가 너무 무겁지는 않을까. 혹시 나만 하는 생각은 아닐까 하는 걱정이 있었다. 누군가 나와 같은 마음으로 죽고 싶다는 생각을 한다고 해도, 아주 적은 수에 불과하지 않을까 하는.

그런데 이 주제로 이야기를 쓰기 시작하면서 신기하게도, 주변으로부터 죽고 싶다는 사람들의 이야기를 직간접적으로 많이 들었다. 그렇게 죽고 싶다는 감정이 나만 느끼는 특별한 감정이 아니구나 생각했다.

1.
1년차 직장인이 된 친구가 이런 말을 했다.

"나 사실 안 괜찮거든? 이상하게 회사에만 있으

면 내가 무기력해지고, 이런 일을 하려고 이렇게 열심히 달려왔는가 하는 생각이 들더라. 자기 효능감이 점점 떨어져. 그런데 이 얘기를 다른 동기한테 하니까, 그 동기가 갑자기 울더라. 원래 잘 안 우는 친구인데, 내 말이 공감이 되었나 봐."

진득하게 한 직장을 오래 다녀본 경험은 없지만, 나는 친구의 말에 무한 공감을 표했다. 건강 문제로 퇴사했던 첫 직장에서 3개월도 안 되어서 친구가 말하는 감정을 느꼈기 때문이다.

나는 친구에게 진지하게 정신과 방문을 권유했다.

"내가 보기엔 너 우울증인 것 같아. 병원에 가 보는 게 어때?"

평소에는 이런 말을 들으면 극구 반대하던 친구가 이번엔 다른 반응을. 보였다.

"그러게. 병원에 가봐야겠다는 생각을 하게 되는 게, 요즘 인지능력이랑 판단력이 많이 흐려지는 것 같더라고. 원래는 안 이랬는데 말이야."

"너 그거 우울증 증상인 거 알지? 나중에 시간 될 때 병원 꼭 가봐."

회사라는 곳은 원래 이렇게 우리를 병들게 하는 곳인가 하는 생각이 든다. 직장생활이 안 힘든 사람이 있겠냐마는, 원래 그렇게 힘든 것이라는 말로 우리가 느끼는 힘듦을 덮어두는 것이 맞나 싶다.

먹고 살기 위해서는 어찌할 수 없는 것이라고, 이것이 어른이 되어가는 과정에서 짊어져야 할 무게라고.

머리로는 무슨 말인지 알지만, 이보다 조금은 더 가벼운 짐은 없을까. 각자의 생김새, 성격, 살아온 환경이 다 다르듯, 먹고 사는 방식도 자신에게 맞는 다양한 방법이 존재하지 않을까 하는 질문이 생긴다.

나는 첫 직장을 건강상의 문제로 3개월만에 퇴사했다. 몸이 아팠지만, 몸 만큼 마음도 많이 아팠다.

하루는 퇴근길 지하철에서 갑자기 눈물이 흘렀다. 그리고 내 안에서 '이것이 정말 너가 원하던 삶이야?'하고 질문하는 소리가 들렸다. 싱그러운 봄이 오는 계절에 내가 느끼는 것은 온통 잿빛뿐인 세상이었다. 푸른 하늘도, 연둣빛의 새싹도 나에게 어떤 감흥을 주지 못했다.

결국 퇴사를 하고서야 알았다. 그때의 증상이 우울증의 한 증상이었다는 것을.

2.
"언니, 나 죽고 싶어."

전화기 너머로 들리는 동생의 말에 깜짝 놀랐다.

최근에 임신 사실을 알게 된 동생은, 기쁜 마음 보다도 원망스럽고 힘든 마음이 더 크다고 말했다.

"이러면 안되는 거 아는데, 임신 사실을 알게 되니까 마음이 너무 우울해. 이제 내 커리어는 어떻게 되는 건지, 내가 이 아이를 잘 키울 수 있을지, 육아는 어떻게 감당해야 할지, 아이 키우려면 집도 더 큰 곳으로 이사를 가야 하는데, 이런 저런 걱정이 먼저 앞서게 돼. 이런 나에게도 모성애가 생길까?"

혼란스러운 동생의 마음이 느껴졌다. 누구보다 현실적이고, 자신의 삶과 커리어에 욕심이 많은 동생이 느꼈을 상실감과 걱정이 얼마나 무거울지 알 것 같았다.

주변의 모두가 축하하고, 새로운 생명이 생긴 것을 기뻐하는 데, 그곳에 자신에 대한 격려와 축하는 없었다.

고통스러운 입덧과 갑작스러운 몸의 변화와 호르몬 작용이 동생을 더 우울하게 만들었을지도 모르겠다.

그곳은 가장 많은 관심과 고독한 외로움이 공존하는 아이러니한 곳이었다.

3.
내가 17살이 되던 해, 여름. 49세의 젊은 나이로 아빠가 하늘나라로 떠났다. 간암 말기로. 아빠와 동갑이었던 엄마는 49세 젊은 나이에 과부가 되었다.

아빠는 정말 자상한 남편이었다. 엄마의 운전기사이자, 집안에 고장난 모든 것을 수리하는 수리기사이자, 보디가드이자, 엄마의 제일 친한 친구였다.

딸들과 아내가 동시에 물에 빠지면 늘 아내를 먼저 구하겠다고 외치던 남편이었다. 다시 태어난다고 해도 지금의 사람과 결혼하겠다고 말하던 로맨틱한 남편이었다.

그런 남편이 시한부 인생을 선고받은 지 세 달 만에 세상을 떠나다니, 엄마도, 동생과 나도, 아빠의 죽음을 믿을 수가 없었다.

물론 아빠의 암 투병 기간이 오래긴 했다. 하지만 그 긴 투병 기간동안 우리는 마음의 준비를 한 것이 아니라, 살아낼 것이라고, 반드시 다시 건강하게 회복될 것이라고 믿고 있었다.

세상에서 가장 고통스러운 이별이 사랑하는 사람, 그 중에서도 남편이나 부인을 잃는 고통이라는 말을 들은 기억이 있다. 엄마는 그렇게 세상에서 가장 고통스러운 이별을 경험한 것이다.

그때를 상상하고 싶지는 않지만, 더듬어 기억해보면 엄마는 거의 6개월 이상을 식음을 전폐했다. 어두운 방 안에 갇혀 멍 때리고 울기를 반복했던 것 같다. 동생이 해다 주는 김치볶음밥으로 간신히 연명하고 있었다.

엄마는 지금 돌이켜보면, 그때는 무언 가에 쓰인 것처럼 아무것도 보이지 않았고, 큰 슬픔이 자신을 압도했다고 했다.

그렇게 엄마는 어떻게든 버텨냈고, 살아냈다.

다만 그 흉터가 너무 깊고 짙은 까닭에 사별 후 몇 년이 흘러도 우울증 증세에서 벗어나지 못하고 있었다.

지금도 엄마의 깊은 한숨 섞인 어두운 목소리를 기억한다.

"딸아, 나 죽고 싶다. 그냥 확 죽어버리고 싶어."

4.
외할머니는 7년째 침대에서 생활 중이다. 7년 전, 동네 친구인 할머니가 갑작스레 집으로 놀러 오겠다는 전화를 받고, 혼자 옷을 챙겨 입으려고 높은 옷장의 옷을 꺼내려다 그만 낙상사고를 당했다.

그 낙상으로 인해 할머니는 오른쪽 고관절이 부러졌고, 인공 관절을 넣는 수술을 진행했지만, 당시 연세가 90이 넘었던 터라, 회복이 잘 되지 못해 지금까지 거동을 못하고 있다.

할머니는 매우 긍정적이고, 혼자서도 잘 지내는 성격이다. 작은 것에 감사하고 일상의 루틴을 잘 지켜서 건강하게 하루를 영위하는 분이다.

그런 타고난 성격 때문인지, 침대 생활이 갑갑하기도 할 텐데, 할머니는 비교적 그 생활을 잘 견뎌 내는 듯 했다. 그렇게 거동을 못한 지 5년 차가 되던 어느 날, 나는 할머니의 눈물을 보았다.

할머니는 말했다. 나이가 들면 그냥 눈물이 나온다고. 그도 듣고 보니 그럴 듯 했다. 그런데 어떤 하루의 눈물은 그냥 나오는 눈물이 아니라는 것을 알게 되었다.

"내가 이렇게 오래 살아서 뭐하니. 이제는 그냥 다 끝내고 싶어. 너희들도 너무 고생시키는 일이고."

할머니는 몸이 안 아픈 곳이 없다며, 이런 몸뚱어리로 살아가는 게 무슨 의미가 있느냐고 말했다.

그렇게 오늘도 할머니는 남몰래 눈물을 훔치고 있는지도 모르겠다.

-

그럼에도 불구하고 결국은 삶을 살아내는 모두가

그럼에도 불구하고
결국은 삶을 살아내는
모두가 너무 대단하다는
생각을 했다.

우리는 오늘도
죽고 싶었지만,
그럼에도 살아가고 있다.

너무 대단하다는 생각을 했다.

나보다 더한 삶의 풍파를 겪어내고 이겨낸 어른들도 대단하고, 나와 또래로 내가 느끼는 이 무게감을 각자의 방식으로 살아내는 젊은이들도 대단하고, 나보다 어린 나이에도 그 나이대에 느끼는 힘듦과 자신의 고유한 상처를 어떻게든 살아내고 있는 어린 친구들이 대단하다 느꼈다.

우리는 오늘도 죽고 싶었지만, 그럼에도 살아가고 있다. 각자의 삶에서 힘들고 무거운 짐이 있지만 결국에는 살아내고 있다.

그런 의미에서 모든 생명은 존재하는 자체로 대단하고 위대하다.

# 세 번째,
죽고 싶다는 말의 의미

○ 세 번째,
　죽고 싶다는 말의 의미

"선생님, 죽고 싶다는 생각을 많이 하면 우울증일 가능성이 큰가요?"
"네. 완전요."

"그럼 건강한 사람은 죽고 싶다는 생각을 안 하나요?"
"네."

처음으로 알았다. 건강한 사람은 죽고 싶다는 생각을 하지 않는다는 것을.

"…"
"그런데 죽고 싶다는 말이 진짜 죽어버리겠다는 뜻이기보다, 지금 당장 눈앞의 문제를 마주하지 않고 회피하고 싶어하는 마음의 표현이기도 해요."

처음으로 알았다.
건강한 사람은
죽고 싶다는 생각을
하지 않는다는 것을.

그리고 죽고 싶다는 그 마음이 진짜 죽어버리고 싶다는 말이기보다, 당장에 직면해야 하는 문제가 너무 크고 힘들어서 피하고 싶어하는 마음이라는 것을 알았다.

2022년 6월, 나는 한 정신과에서 불안장애, 적응장애 진단을 받았다. 이로 인한 우울증 증세를 동반하고 있다.

불안장애와 적응장애는 불안도가 높고 스트레스에 과한 반응을 보이며 사회적, 직업적 기능에 심각한 지장을 초래하는 경우를 의미한다.

선생님은 불안장애, 적응장애와 우울증은 불가분의 관계라고 말했다. 서로에게 영향을 주기 때문이다.

어린 시절 기억 속에 내가 가장 많이 생각했던 말은 "죽고 싶다"였다. 나는 다른 여느 아이들과 다르게, 늘 힘이 없고 우울했고, 학교를 마치고 집에 오면 어두운 방에 들어가 잠만 잤다.

그렇다고 친구가 없었던 것은 아니지만, 친구가 있어도 이유 모를 외로움과 고독함이 늘 있었다. 그리고 그 외로움이 만들어내는 큰 불안감이 나를 압도할 때가 많았다.

사람을 만날 때면 긴장을 많이 한 탓에 소화가 잘 안 되어 소화제를 매번 챙겨다녔으며, 긴장하느라 에너지를 다 소진한 탓인지, 집에 돌아와서는 계속 잠만 잤다.

아무도 나를 아픈 아이라 생각하지 않았다.

어린 시절 기억 속에
내가 가장 많이
생각했던 말은
"죽고 싶다"였다.

학업 태도와 성적은 비교적 우수했으며, 인간관계도 평범하게 해 나가는 듯 보였기 때문이다. 그저 많이 내성적인 아이라 여겼던 것 같다.

대학에 가고, 사회성이 생기면 낫겠지 했던 무기력감과 우울감. 하지만 에너지가 소진되기만 하고 채워지지 않는 느낌, 사회적 불안감, 피곤함과 무기력감은 성인이 되어도 낫지 않았다.

나는 그렇게 원래 허약하게 태어난 사람이라고. 불안감이 많고 사교성이 부족한 내향인이라고 생각하며, 타고난 허약 체질에 맞는 생존 방법을 만들어 갔다.

수업을 듣거나, 일을 할 때는 온 힘을 다해 열심히 하지만, 끝나고 돌아와서는 무조건 충분히

쉬어 주는 것. 그것이 내가 선택한 방법이었다.

쉼이라는 나와의 시간을 보내야 했기에, 주변 사람과의 시간을 갖는 것을 꺼렸다. 더러는 약속을 잡는 것에 대해 미적지근한 태도를 보이는 내가 자신을 싫어한다고 여기는 것 같기도 했다.

인간 관계는 능숙하지 못했지만, 일이나 과제에 대한 성과는 제법 내는 편이었다. 그나마 그것이 나의 삶에 한 자부심으로 자리잡았다.

그렇게 나는 약한 몸과 마음도 극복하며 해야 할 일을 해내는 강한 멘탈의 소유자라 자부하면서 지내던 어느 날. 스스로에 대한 의심이 생겼다.

그러다 어느 날 문득,
한 생각이 들었다.
정신과에 가보면
어떨까.

왜 나의 에너지는 쉼을 통해 채워져도 금방 소진되고 마는 것일까. 마치 방전된 배터리처럼. 전선을 콘센트에 꽂아야만 쓸 수 있는, 방전된 배터리를 가진 노트북처럼. 아슬아슬하게.

그러던 어느 날 문득, 한 생각이 들었다. 정신과에 가보면 어떨까.

마침 지인들도 정신과 진료를 받고 있었고, 나는 허리디스크로 통원 치료를 하던 때라, 스스로를 돌보는 것이 매우 중요하다는 생각을 했다. 이런 정황이 겹쳐, 생각의 변화를 가져온 것이다.

어쩌면 내가 몸이 약한 것이 아니라 마음이 아픈 것은 아닐까, 그리고 몸이 아프면 몸을 치료

하듯이, 마음도 아프면 돌봄을 받아야 한다고 생각했다.

그렇게 가게 된 정신과에서 난생처음 깨달았다.

건강한 사람은 죽고 싶다는 생각을 하지 않는다는 것. 그리고 죽고 싶다는 말의 속 뜻은 당장에 당면한 이 문제를 피하고 싶다는 의미라는 것. 결론은 나는 어릴 때부터 마음이 매우 아픈 상태였다는 것.

그래서 이 주제를 꼭 다뤄보고 싶었다. 삶이 힘들어 은연중에 죽고 싶다는 생각을 하는 당신, 지금 마음이 건강하지 않은 상태일 수 있다고.

그리고 그 죽고 싶다는 마음은 사실, 삶을 살아

죽고 싶다는 마음은 사실,
삶을 살아내고 싶다는
내면의 간절한
외침이라는 것을.

내고 싶다는 내면의 간절한 외침이라는 것을 이야기해주고 싶었다.

정확한 이유는 모르겠다. 뉴스에서 나오는 OECD 국가 중 자살률 1위, 우울증 환자 수 1위라는 대한민국의 이야기를 들을 때면, 내 내면에서 꿈틀대는 이상한 소명의식 같은 것이 있었다.

언젠간, 어떤 형태로든 저 주제를 다뤄야만 해. 아마도 그 이유는 TV 속 그 이야기가 결국은 나의 이야기가 될 수도, 아니, 나와 너의 이야기이기 때문일 것이다.

아마도 그 이유는
TV 속 그 이야기가 결국은
나와 너의 이야기이기
때문일 것이다.

네 번째,
죽고 싶은 우리들

○ 네 번째,
　죽고 싶은 우리들

2023년도 대한민국 우울증 환자 추정치가 100만 명을 넘어섰다고 한다.

심지어 어떤 전문가는, 자신이 스스로 우울증인지 인지하지 못하는 사람까지 포함한다면, 대한민국의 우울증 환자의 수가 300~500만 명이 될 것으로 추정하기도 한다.

대한민국 5천만 인구 중 500만 명이, 그러니까 10명 중 한 명이 '죽고 싶다'는 생각을 자주 하거나, 해 보았을 가능성이 있다는 것이다.

그렇다. 죽고 싶다는 마음은 뉴스에서나 나오는 특별한 이야기가 아니라, 지극히 평범한 우리들의 이야기이다.

하지만 우리는 "죽고 싶다는 생각? 그거 누구나 다 하는 생각 아니야?" 하며 자신의 힘듦을 아무것도 아닌 것으로 만들어 버린다든지, 때론 죽고 싶다는 말의 의미를 너무나 크게 받아들여 누군가가 말조차 꺼내지 못하게 만들어 버리기도 한다.

우리는 이렇게 아픈데, 자신이 아픈지조차 인지하지 못한 채 살아가거나, 아픔을 꺼내 보이지도 못한 채 살아간다.

상처를 치료하려면 상처를 드러내야 하는데, 상처를 드러내는 것 자체를, 아니 어쩌면 상처 자체를 두려워하는 것일 지도 모르겠다.

나는 우리가 이제는 더 이상 이 아픔의 실체를

죽고 싶다는 마음은
지극히 평범한
우리들의 이야기이다.

'죽고 싶다'는 말이
마음의 힘듦을 표현하는
건강한 수단이 되었으면
좋겠다.

왜곡된 시각으로 바라보지 않기를 바란다. 어떠한 편견도 갖지 않기를 바란다.

배가 아프면 내과에 방문하는 것처럼, 마음이 아프면 마음을 치료하기 위한 건강한 행동을 선택하기를 바랄 뿐이다.

나는 '죽고 싶다'는 말이 너무 가볍게 사용되어 또 다른 누군가에게 상처를 주게 되는 것을 원치 않는다.

그렇다고 그 말의 무게가 너무 무거워서 누군가의 고통이 표현되지 못하는 것도 바라지 않는다.

'죽고 싶다'는 말이 입버릇 장난처럼 쓰이지 않길 바라지만, 마음의 힘듦을 표현하는 건강한 수단이 되었으면 좋겠다.

그러니까 맑은 날이 있으면, 흐린 날도 있는 것처럼, 마음이 흐린 날이면 누구나 '죽고 싶다'는 생각을 할 수 있다고. 이런 마음의 어두운 부분도 우리 인생의 일부로 받아들여졌으면 좋겠다.

죽고 싶다는 마음은 우리 옆에 있는 평범한 누구나, 심지어 이 책을 읽는 당신도 생각할 수 있는 마음이니까.

실제로 정신과에 방문해보면, 그곳에 오는 사람들이 그렇게 이상하거나 특별한 사람이 아니라는 것을 알 수 있다.

지하철을 탔을 때 내 옆자리에 앉아 있을 것

같은, 지나가다 어느 길거리에서 몇 번은 스쳐 봤을 것 같은, 그저 평범한 우리들이다.

정신과와 정신 질환에 편견이 있는 사람들은 우울증 환자나 정신 질환을 앓고 있는 사람의 모습을 상상하면, 어두운 방 안에 갇혀 쭈그리고 앉아 계속 죽음만을 생각하는 무기력하고 슬픈 얼굴의 사람을 떠올릴 것이다.

물론 증상이 심각한 환자의 경우 그럴 수도 있겠지만, 대부분은 나와 오늘도 웃으며 대화하던 옆 자리 동료이며, 오늘도 별문제 없이 살아가고 있는 것 같아 보이는 우리의 친구와 가족들이다.

이유야 무엇이 되었든 상관 없다. 이유를 알 수

이유야 무엇이 되었든
상관 없다. 이유를 알 수
없을 수도, 심지어 이유가
없을 수도 있다.

없을 수도, 심지어 이유가 없을 수도 있다.

병을 발견했을 때, 원인보다 이것을 어떻게 치료할지에 더 집중하는 것처럼, 우리의 마음도 건강해질 방법을 찾아 집중하면 되는 것이다.

다섯 번째,
왜곡된 기억들

○ 다섯 번째,
　왜곡된 기억들

죽고 싶다는 생각이 들면, 우울한 감정에 한없이 젖어든다. 마치 내가 1분 1초도 쉬지 않고 죽고 싶다는 생각만 해왔던 사람인 것처럼. 내 삶에 한치의 공간도 없이 불행으로만 가득 찬 것처럼. 마치 내 인생이라는 캔버스에 흰 공간은 하나도 없이 검은색으로만 빽빽하게 칠해져 있는 것 같은.

하지만 인생은 그렇게 단순한 흑백 논리가 아니다. 지금은 불행해도, 한 시간 뒤에는 행복감을 느낄 수 있는 것처럼. 지금은 죽고 싶다는 생각을 해도, 1초 뒤에는 살아있어서 다행이라는 생각이 드는 것처럼. 짧은 시간에도 수많은 생각과 감정이 스치는 것이 인생이다.

부정적인 생각은 긍정적인 생각보다 흔적이 짙

다. 그래서 우리는 긍정적인 기억과 감정보다 부정적인 기억과 감정을 더 곱씹고 오래 생각하는 것이 아닐까.

이렇게 부정적인 생각으로 가득 차서 왜곡된 기억을 긍정적으로 바꾸기 위해서는 의식적인 작업이 필요하다. 마치 잘못 길드여진 물길을 틀어 새로운 물길을 만드는 작업처럼. 처음에는 의지가 많이 필요하고 힘이 들겠지만, 길이 잘 들여지고 나면 그때는 내가 원하는 방향으로 물이 수월하게 흐를 것이다.

그래서 나는 종종 일기를 쓴다. 현재의 불안하고 어두운 감정을 객관적으로 바라봄으로써 기억의 왜곡을 바꾸기 위해. 그리고 감사한 것과, 나를 행복하게 해주는 것들의 소중함을 되찾기

부정적인 생각은
긍정적인 생각보다
흔적이 짙다.

나는 검은 면 보다,
반짝이는 별빛을
더 많이 기억하는 인생으로
살아가고 싶다.

위해서 종이에 글을 쓰곤 한다.

그렇게 일기를 쓰고 나면, 인생이 생각보다 살만 하게 느껴진다. 인생의 캔버스에는 부정적인 검은 칠 속에 하얗게 반짝이고 있는 별과 같이 빛나는 감사의 순간들이 가득 차 있는 것이다. 일기는 그 반짝이는 별빛을 찾는 과정이다.

인생은 불행만큼, 행복도 많이 있다. 불행만 있는 인생도, 행복만 있는 인생도 이 세상에 존재하지 않는다.

어차피 왜곡된 기억으로 살아가는 게 인생이라면, 나는 검은 면 보다, 반짝이는 별빛을 더 많이 기억하는 인생으로 살아가고 싶다.

여섯 번째,
죽을 힘을 다하여

○ 여섯 번째,
　죽을 힘을 다하여

이런 생각이 들었다.

어차피 죽고 싶다는 생각을 할 거면, 죽을 힘을 다해 내 앞의 문제를 돌파해보면 어떨까. 어차피 언젠가는 죽을 인생, 살아 있을 때에 뭐라도 해보는 것이 득이면 득이지, 손해가 될 것은 없기 때문이다.

에디슨이 이런 말을 했다고 한다.
"온 마음을 다해서 일하면 반드시 성과가 난다."

나는 이 말을 믿어 보기로 했다.

수많은 실패와 좌절 속에서 다시 무언가를 믿어 본다는 것이 쉬운 선택은 아니지만, 진짜 마지막으로, 속는 셈 치고 이 말을 믿고 온 힘

"온 마음을 다해서
일하면
반드시 성과가 난다."
-에디슨-

을 다해 볼 생각이다.

성공한 사람들의 말을 들으면, 자신이 하는 것에 완전히 미쳐서 몰입했다는 이야기를 공통적으로 듣는다. 그렇게 마음을 다하면 반드시 성과를 낸다고. 그러니 너희 젊은이들도 너희가 미칠 수 있는 것을 찾아 너희의 최선을 다해 보라고.

지금껏 경험한 실패는 최선을 다하지 않았던 것이 아닐 수도 있다. 단지 내가 미칠 만큼의 무언가를 찾지 못한 것뿐일 수도.

그래서 이 말을 한 번 믿어 보기로 했다. 맹목적인 최선이 아닌, 내가 미칠 무언가에 대한 최선을 다해보기로 했다.

최선을 다하지 않았던
것이 아니다.
단지 내가 미칠 만큼의
무엇을 찾지 못한
것뿐일 수도.

남들이 다 입시를 준비하니까, 취업을 준비하니까, 돈을 버니까, 그 거대한 인파의 노력에 휩쓸려 내 노력의 목적을 생각해 볼 여유가 없었다. 그렇게 무분별한 노력이라는 파도를 맞아내느라 나도 모르는 새에 지쳐버린 것이다.

잠시 멈춘다고 불안해하지 않아도 된다. 두 발자국 전진을 위한 한 발자국의 후퇴이리라. 재정비를 할 필요가 있다. 이럴 때일 수록 느림의 미학을 믿는다. 느리게 걷는 속에 발견하는 내 안의 보물들이 있으리라.

나는 무엇에 미쳐 노력할 것인가. 나만이 갈 수 있는 길은 무엇인가. 나는 무엇을 할 때 심장이 미친 듯이 뛰는가. 나에게 묻고 또 묻는다.

예전에는 성과 없는 노력은 헛수고라는 생각을 했다. 나의 모든 것을 다한 노력이 물거품이 되었을 때의 허무함이란 무엇으로 표현할 수 있을까. 마치 나의 전부를 잃어버린 듯한 허무함이라고 할까.

그래서 다시 무기력해지고, 삶을 왜 살아야 하는지 질문하며 죽고 싶다는 생각을 하게 된다.

하지만 애쓴 것은 어디 가지 않는다. 꾸준히 쌓아온 것은 사라지지 않는다. 인생을 조금이라도 살아본 사람들이 공통적으로 말하는 이 진리를 믿어보려 한다.

눈에 보이는 성과가 나지 않는다고 해서 그 노력이 어디 가는 것이 아니다. 나의 내면에

애쓴 것은
어디 가지 않는다.
꾸준히 쌓아온 것은
사라지지 않는다.

차곡차곡 쌓여 언젠간 빛을 발할 준비를 하고 있을 뿐이다.

다시금 죽고 싶다는 생각이 들면, "그래, 한 번밖에 살 수 없기에 소중한 인생, 죽을 힘을 다해, 온 마음을 다하여 무언가에 미쳐보자. 내 안에 노력을 차곡차곡 쌓아보자."라고 에너지를 바꾸기로 했다.

'죽고 싶다'가 아닌, '죽을 힘을 다해'로.

'죽고 싶다'가 아닌,
'죽을 힘을 다해'로.

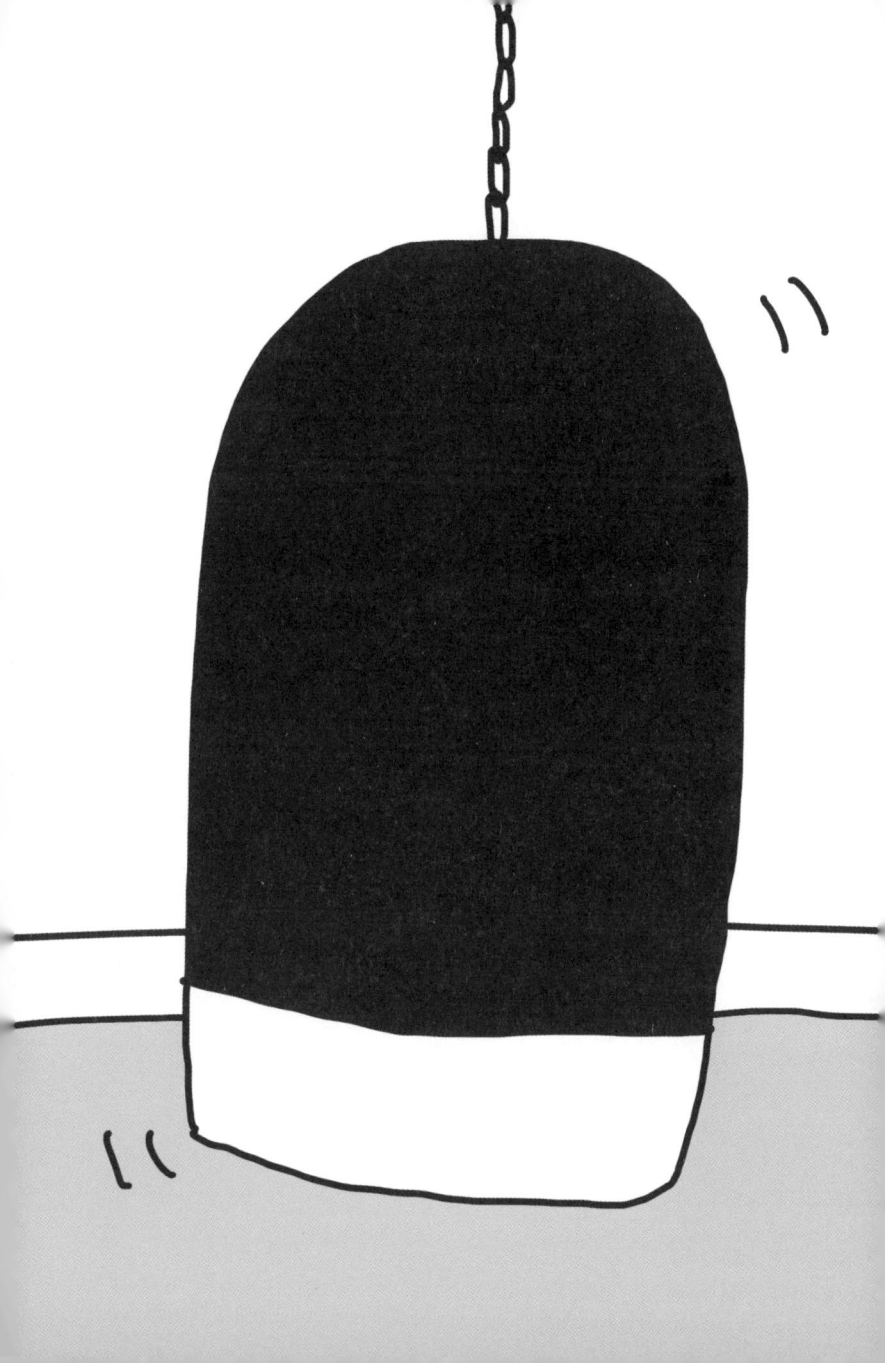

일곱 번째,
불안에 대하여

○ 일곱 번째,
　불안에 대하여

우리 인간은 불안을 느끼는 존재다. 왜냐하면 스스로의 유한함을 너무나도 잘 알고 있기 때문이다. 능력도, 수명도, 시간도, 재정도, 많은 것들이 유한하다.

불안은 우리의 삶이 현재에 집중하는 것을 방해한다. 우리의 생각과 마음을 미래로 가져다 놓아, 우리의 유한함을 끊임 없이 생각하게 만들고, 부족함을 보며 더욱 불안하게 만든다.

특히 그 불안감은 내가 정체되어 있다는 생각이 들 때, 남들보다 느리게 가고 있다는 생각이 들 때 더 커진다. 한 발자국이라도 더 달려야 하고, 남들보다 조금이라도 더 앞서길 원하는 우리 안의 비교 심리가 발동하기 때문일까.

나는 특히 또래에 비해 많은 것이 부족하고 느리다. 번듯한 직장도 없고, 가정도 없고, 집도, 차도 없다. 나의 유한한 능력은 다른 사람의 것보다 훨씬 더 작다고 느껴진다.

예전에는 이런 유한함을 느낄 때, 한없이 불안해하며 이 시간을 소비하곤 했다.

그런데 멈춤의 미학, 느리게 가는 것의 위대함을 깨닫게 되고서는 다른 관점으로 이 시간을 소비해야겠다는 다짐을 했다.

느리게 갈 때에만 비로소 보이는 것들. 반짝이는 작은 돌멩이와 푸른 하늘, 신선한 바람과 싱그러운 나무. 내 내면의 기쁨과 만족, 다양한 보물을 발견할 수 있는 시간으로 불안을 승화시키

멈춤의 미학,
느리게 가는 것의 위대함을
깨닫게 되고서는
다른 관점으로 이 시간을
소비해야겠다는
다짐을 했다.

는 것이다.

모두가 빨리 달릴 때에 혼자 느리게 걷는 것이 이제는 불안함이 아니라 특별함으로 다가온다.

그럴 때에 나는 비로소 무한 경쟁의 굴레에서 벗어나 나만의 독창적인 연주를 할 수 있다. 그것은 세상 어디에서도 들을 수 없는, 오롯이 나만이 할 수 있는 연주인 것이다.

이제는 유한함이 불안함의 원인이나 원망의 대상이 되지 않는다. 우리는 각자의 유한함의 정도에 따라 각자의 속도대로 달릴 것이다.

속도가 다르기 때문에 서로 다른 것을 관찰하며, 각자가 자신만의 독특한 이야기를 세상에 내 놓을 수 있게 된다.

나는 당신의 유한함의 다채로움을 기대한다.

여덟 번째,
감사에 대하여

○ 여덟 번째,
　감사에 대하여

우리는 과거의 어느 세대보다 평안하고, 더 잘 살게 되었는데 왜 이렇게 불행한 것일까.

죽고 싶다는 생각, '고통 없는 죽음'과 '삶' 중에 전자를 택하는 것이 좋겠다고 생각하는 나를 돌아보며 든 고민이다.

나에게는 마다가스카르 현지 친구가 있는데, 한국에 다시 유학을 온 그 친구를 만났을 때의 이야기다.

짧은 영어로 어떻게 소통하면서 서로의 근황을 묻다가, 우울증에 관한 이야기가 나왔다.

나는 친구에게, 한국 사회는 많은 사람들의 심한 우울감이 사회적으로 큰 이슈 중의 하나라고

인생은 자족할 때에
행복을
느낄 수 있는 것이구나.

말했다. 그리고 마다가스카르의 사정은 어떤지 물어봤다.

친구가 말하기를, 마다가스카르 사람들은 대체로 행복한 것 같다고 했다. 그들은 먹을 게 있으면 그것으로 충분하고, 입을 게 있으면, 잘 곳이 있으면 그것으로 만족한다고 했다.

하지만 도시의 상황은 조금 다르다고 했다. 도시의 사람들은 인플루언서가 되고 싶어하고, SNS로 서로의 삶을 비교하면서 시골 사람들보다 불행해 하는 것 같다고 이야기 했다.

이 이야기를 들으면서 깨달은 것이 하나 있다. 인생은 자족할 때에 행복을 느낄 수 있는 것이구나. 작은 것에 감사할 줄 아는 삶이 행복한 삶

조급한 마음이
우리를 더 불행하고
우울하게 만드는 것은
아닐까.

을 만드는구나 생각했다.

비교하고, 더 가지려고 하기 시작하면 인생은 금세 불행해지고, 불행이 쌓이면 우울감으로 발전하게 되는 것 같다.

전쟁도 없고, 먹고 사는 문제도 많이 해소된 우리 세대가 다른 세대보다 불행한 이유가 여기에 있을 수도 있지 않을까 조심스레 생각해본다.

자족하지 못하는 마음. 감사가 사라진 마음. 내 옆의 사람이 감사의 대상이 아니라, 경쟁의 대상이 되어 버린 것. 계속 비교하고, 비교해서 모자란 만큼 더 가져야 한다는 생각으로 가득 찬 조급한 마음이 우리를 더 불행하고 우울하게 만드는 것은 아닐까.

마다가스카르 친구의 말은 나에게 큰 울림을 주었다.

자신은 먹을 것이 있고, 잘 곳이 있어서 충분하다는 말을 하는 그녀가, 한국에서는 너를 만나서 행복하고, 마다가스카르에서는 거기에서의 행복이 있고, 어디에 있든 행복하다는 그녀에게서 풍기는 긍정적인 에너지가, 나의 마음에 어떤 생기를 불어넣는 것 같았다.

먼 미래를 보며 조급해하고 불안해하기보다, 오늘에 주어진 것을 바라보며 감사하기로 했다.

오늘의 새 삶이 주어진 것에, 누울 곳이 있음에, 입을 것이 있음에, 그리고 먹을 것이 있음에, 건강한 몸이 있음에 감사하다.

먼 미래를 보며
조급해하고 불안해하기보다,
오늘에 주어진 것을
바라보며 감사하기로 했다.

아홉 번째,
나를 아는 것

○ 아홉 번째,
　나를 아는 것

지피지기면 백전백승이라는 옛말이 있다. 그저 멋진 말에 불과한 이야기라 생각했는데, 인생을 살면 살수록 나를 아는 것이 얼마나 중요한지를 깨닫고 있다.

나는 이 말에서 특히 '지피(나를 아는 것)'에 집중해보고 싶다.

내가 무엇을 좋아하는지, 무엇을 잘하는지, 무엇을 싫어하고 못 하는지를 알면 성공으로 가는 전략을 수월하게 짤 수 있다.

이것은 행복감에 있어서도 중요한 부분이다. 행복은 크기보다 빈도가 중요하다. 작은 역치의 행복을 잦게 경험하는 사람이, 큰 역치의 행복을 가끔 경험하는 사람보다 더 행복한 삶을 살

행복은
크기보다
빈도가 중요하다.

게 된다고 한다.

그래서 나는 가성비 좋은 행복을 많이 만들려고 한다.

내가 어떤 음식을 먹었을 때 기분이 좋은지, 어떤 향을 맡았을 때 마음이 안정되는지, 어떤 조명을 쓸 때 아늑함을 느끼는지, 어떤 음악을 들었을 때 신이 나는지, 내가 행복한 순간을 관찰한다.

이렇게 나를 관찰하면 굳이 큰돈과 품을 들이지 않고도 소소하게 행복을 자주 누릴 수 있다.

예를 들어, 내가 너트와 초콜릿의 조합을 좋아한다면, 3만 원짜리 너트 초콜릿을 먹어도 행복

이것이
나의 작은 행복들이다.

하겠지만, 2천 원짜리 너트 초콜릿이 묻어있는 과자를 먹어도 행복감을 느낄 수 있다.

유칼립투스 베이스의 아로마틱한 향을 좋아한다면, 20만 원짜리 유칼립투스 향수도 좋지만, 2만 원짜리 디퓨저도 충분히 나를 기분 좋게 만들어준다.

나는 그렇게 오늘도 나의 작고 아늑한 방에 노란색 조명과, 잔잔한 음악과 함께 아이스 아메리카노를 마시며 유칼립투스 향을 맡고 컴퓨터 앞에 앉아 글을 쓴다.

이것이 나의 작은 행복들이다.

My Favorite

things

열 번째,
가치를 아는 것

○ 열 번째,
　가치를 아는 것

세상에 하나밖에 없는 물건이라는 이유만으로, 1조 원의 가치를 가지는 물건이 있다.

물건의 가치도 저러한데, 이 우주에 하나밖에 존재하지 않는 우리 한 사람 한 사람의 가치는 얼마나 클까. 모르긴 몰라도, 최소 1조 원은 넘는 가치일 것이다.

그러나 바쁜 현실을 살아내다보면, 그 가치를 잊어버리게 될 때가 너무나 많다.

특히 회사라는 큰 조직의 시스템 안에 들어가 많은 일을 소화해 내다 보면, 나의 존재보다, 현재의 쓰임에 집중하게 된다. 그 거대한 시스템 안에 부속품에 불과하다는 생각을 하게 되는 것이다.

그러나 바쁜 현실을
살아내다보면,
그 가치를 잊어버리게 될
때가 너무나 많다.

또는 중요한 시험을 앞두고 있다면, 나라는 존재의 가치보다, 지금 당면한 내일의 시험이 더 크고 중요하게 보일 수 있다.

그럴 수록 조용히 사색할 시간과 공간을 만드는 것이 중요하다. 내가 얼마나 소중한 존재인지, 나의 가치가 얼마나 큰지에 대해서 생각할 수 있는 시간과 공간이 필요하다.

다이아몬드가 가치가 있는 이유는 우리가 모두 그 가치에 동의하기 때문이다. 더 나아가서는 내가 그것을 가치 있게 여기기 때문이다.

아무리 반짝이는 다이아몬드라 하더라도, 그 가치를 모르는 돼지에게 준다면 그것은 장난감이나 쓰레기에 불과하다.

'나'라는 사람의 가치도 마찬가지다. 나의 가치가 인정되기 위해서는 나 자신이 먼저 그 가치를 알고 인정해야 한다. 정신없는 삶 속에서 그 가치를 잊지 않기 위해서는 그 가치를 되뇌는 의식적 작업과 시간이 필요하다.

이런 생각이 드는 사람도 있을 수 있다. "나는 다이아몬드만도 못한 존재인걸."

그래도 괜찮다. 이제부터라도 나의 가치를 알아가면 된다. 나의 가치를 스스로 인정한다는 것이 조금 낯설고 부끄럽게 여겨져도, 오늘부터 시작하면 된다.

생각도 습관의 한 영역이어서 잘 길들이기만 한다면 어느 순간부터는 큰 힘 들이지 않고도

나의 가치가
인정되기 위해서는
나 자신이 먼저
그 가치를 알고
인정해야 한다.

우리의 가치는
최소 1조 원이다!

건강하게 나를 사랑할 수 있다. 스스로를 가치 있게 여기게 되는 것이다.

그리고 잊지말자!

우리의 가치는 최소 1조 원이다!
(사실 가격으로도 매길 수 없을 정도의 가치일 거라 생각한다.)

열한 번째,
말의 힘

○ 열한 번째,
　말의 힘

말이 중요하다는 이야기는 하도 많이 들어서 누구나 아는 보편적 지식이 되어버렸다.

그런데 사람이라는 존재는 참으로 간사해서, 마음이 힘들 때 그것을 억지로 거슬러서 긍정의 말을 한다고 해서 상황이나 기분이 꼭 나아지는 것은 아니다.

오히려 마음은 그렇지 않은데, 입으로는 긍정 긍정을 외치다가, 문드러진 마음과 무너진 삶을 마주하게 되는 경우도 있다.

나는 '말이 중요하다, 말에는 힘이 있다'는 말이 무조건 긍정적인 말만 해야 한다는 것이 아니라, 어떠한 방향성을 말하는 것이라 생각한다.

상처는 반드시 소독하고, 고름을 짜내고, 찢어진 환부를 꿰매는 작업이 필요하다. 그리고 회복이라는 방향성을 향해 나아가야 한다.

치료 없이 상처 위에 생살을 덮어 빨리 회복할 생각만 한다면, 그 상처는 더 심해지고 곪아 터져버리기 마련이다.

그렇다고 상처에만 계속 머물러 있는 것 또한 바람직한 모습은 아니다. 아픈 상처를 건드리는 이유는 결국은 건강한 회복을 위한 것이기 때문이다.

부정적인 감정 또한 마찬가지다. 마음이 아프고 힘든데 긍정만 외친다고 힘든 마음이 어디가는 것은 아니다. 분명히 그것을 쏟아내고

마음이 아프고 힘든데
긍정만 외친다고
힘든 마음이
어디 가는 것은 아니다.

씻어내는 과정이 필요하다.

그 작업 후에 비로소 긍정적인 생각과 말을 하는 좋은 방향성으로 나아갈 수 있다.

그렇다면 부정적인 감정은 어떻게 해결해야 할까?

내가 찾은 가장 좋은 방법은 일기를 쓰는 것이다. 형식은 자신이 가장 편한 방식을 택하면 된다. 일기장에 쓰는 것이 편하면 손으로 일기장에, 어플이나 핸드폰 메모장이 편하면 스마트폰을 사용하는 것도 좋은 방법이다.

사람에게 말하는 것도 잠깐 동안 어느 정도의 해소감을 느낄 수는 있으나, 개인적인 경험으로는 긍정적인 결과를 많이 보지 못했다. 말에는 영향력이 있어, 계속 부정적인 얘기를 쏟아내면 듣는 상대가 지치거나 같이 힘들어질 수 있기 때문이다.

그래서 나는 기록으로 그 감정을 쏟아내고, 또 혼자 정리해보고, 분석해보는 시간을 가진 뒤, 감정이 정리되면 지인들에게 근황을 공유하는 방향으로 그동안 느꼈던 감정이나 경험했던 사건에 관해 이야기하는 편이다.

그러면 부정적인 감정과 생각으로 가득 찼던 마음에 공간이 생기면서, 긍정적인 말과 메시지들이 들어올 여유가 생긴다.

그렇게 채워진 긍정 에너지는 긍정적인 말로

부정적인 감정과 생각으로
가득 찼던 마음에
공간이 생기면서,
긍정적인 말과 메시지들이
들어올 여유가 생긴다.

바꾸어 입 밖으로 내뱉게 되고, 그것은 나의 일상과 삶에서 긍정적인 관점과 일로 변환되어 다시 나에게 돌아온다.

이것이 말의 힘이다.

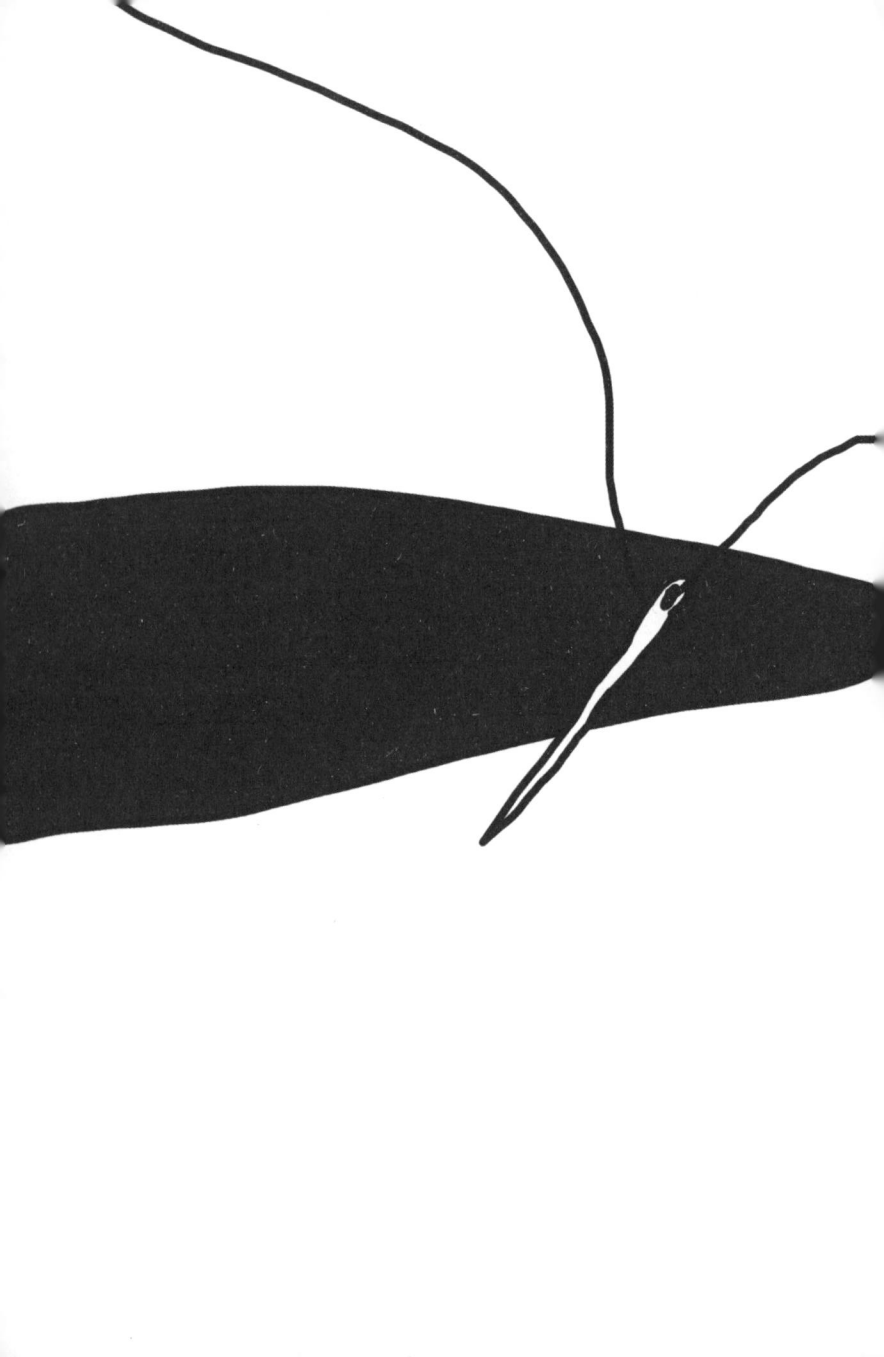

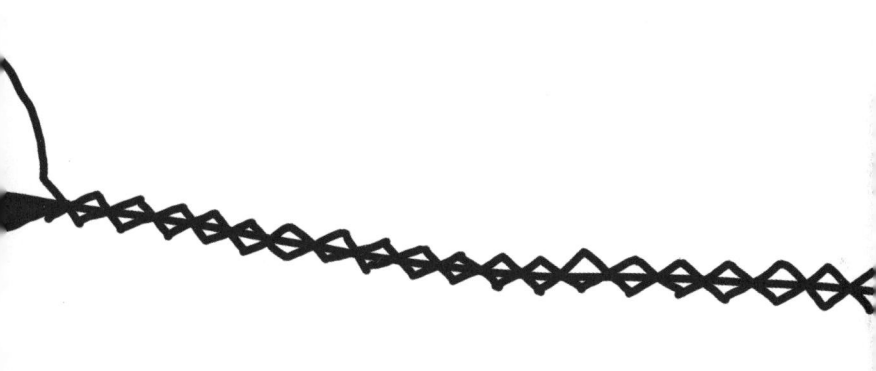

열두 번째,
행동의 힘

○ 열두 번째,
　행동의 힘

한 유명인이 이런 말을 했다.

"저는 마음이 우울해질 때 몸을 막 움직여요. 하다못해 설거지라도 해요."

많은 전문가들이 우울감을 느낄 때 더욱 몸을 움직여야 한다고 말한다.

특히 운동의 중요성을 강조하는데, 운동을 하면 행복 호르몬으로 불리는 세로토닌(serotonin)과 의욕적으로 만들어주는 호르몬 도파민(dopamine)의 수치가 높아져, 행복감과 삶에 대한 의욕을 느끼게 되기 때문이다.

그리고 대낮의 일광욕 또한 우리 몸속의 세로토닌을 증가시켜, 우리가 우울감으로부터 벗어나 행복감을 느끼게 도와준다고 한다.

우울감을 많이 느끼는 사람들은 뇌의 호르몬 이상으로 세로토닌과 도파민이 적게 나오는 경우가 많다. 그런데 잘못된 생활 습관으로도 이 호르몬들이 적게 나오게 되거나, 원래 이상이 있던 증상을 더 악화 시키는 악순환을 겪을 수도 있다.

그러므로 죽고 싶다는 생각이 많이 들 때면, 더욱 정신 차리고 일상을 건강하게 살아내고 운동하는 습관을 들여야 한다.

안 하던 것을 강제로 하려면 당연히 많이 힘들다. 그래서 할 수밖에 없는 환경을 설정하는 것이 중요하다. 친구와 내기를 한다든지, 머리맡에

죽고 싶다는 생각이
많이 들 때면,
더욱 정신 차리고
일상을 건강하게 살아내고
운동하는 습관을
들여야 한다.

아는 것에서
그치는 것은
중요하지 않다.

운동복을 두고 숙면 후 일어나 양치를 한 다음에 바로 옷을 갈아입고 운동장에 가는 루틴을 만든다든지 하는 방식으로 자신에게 맞는 것을 찾아가는 것이 중요하다.

아는 것에서 그치는 것은 중요하지 않다.

이 글을 쓰고 있는 나부터나 행동으로 잘 실천해야겠다는 결심을 하며.

열세 번째,
상처, 별이 되다

○ 열세 번째,
　상처, 별이 되다

오프라 윈프리의 자서전 <이것이 사명이다>에는 이런 이야기가 실려 있다고 한다.

"남보다 아파하는 것이 있다면 그것은 고통이 아니라 사명이다."

죽고 싶다는 생각이 들 만큼 나를 힘들게 하는 것은 무엇일까. 모르긴 몰라도, 남보다 아파하는 무언가일 가능성이 크다. 내가 고통이라 여기는 그것이다.

나는 그것이 왜 하필 내 삶에 벌어진 것인가 한탄하며 원인을 찾으려 애썼다. 그런데 원인을 찾으려 애쓰면 애쓸수록 고통은 더 커져만 갔고, 죽고 싶다는 생각은 더욱 짙어져만 갔다.

"남보다
아파하는 것이 있다면
그것은 고통이 아니라
사명이다."

-오프라 윈프리-

나의 고통은 나만의 것이다. 누구의 것과 비교할 수도 없을 뿐더러, 조금은 비슷해 보일지 몰라도, 같은 고통은 없다.

그 아픔이 바로 나만이 세상에 이야기 할 수 있는 사명이 된다는 생각의 전환이 한 줄기 빛으로 다가왔다.

그렇게 나만의 빛을 세상에 비출 때, 나의 고통과 접점에 있는 다른 이들의 상처로 얼룩진 어두운 마음이 나의 빛으로 인해 밝아질 수 있게 된다.

외국 속담에 이런 말이 있다고 한다.
"상처, 별이 되다.(Scar into Star.)"

우리가 조금만 용기를 낸다면, 너와 나의 고통은 더이상 고통이 아닌, 밝게 반짝이는 아름다운 별빛이 되어 서로를 환하게 비출 수 있다.

"상처, 별이 되다.
(Scar into Star.)"

열네 번째,
거리두기

○ 열네 번째,
거리두기

하나의 부정적인 생각만이 머릿속을 자꾸 맴돈다면, 생각과 나 사이에 잠시 거리를 둘 필요가 있다.

어떤 사람이 나를 힘들게 한다면, 그 사람과 나 사이의 적정 거리를 둘 필요가 있다.

어떤 일에 너무 집착적으로 몰두한다면 그 일과 나 사이의 적정 거리를 둘 필요가 있다.

모든 것에는 일정한 거리 두기가 필요하다.

당장은 부정적인 생각을 하지 않는 것이, 나를 힘들게 하는 저 사람을 생각하지 않는 것이, 나에게 전부인 것 같은 이 일에 집착하지 않는 것이 어려울 수 있다.

그저 주변의 다른 가능성,
다른 사람들,
다른 일들로 시선을
잠시 옮겨보자는 것이다.

하지만 살짝 거리를 두고 보면, 지금 하고 있는 이 부정적인 생각 말고도 수많은 다른 가능성이, 나를 힘들게 하는 사람 외에 나에게 소중한 수많은 사람들이, 나에게 전부인 것 같았던 이 일 외에도 내가 돌봐야 할 수 많은 일들이 보이기 시작 한다.

강제로 부정적인 생각을 하지 말고 긍정만을 생각하라는 말이 아니다.

그저 주변의 다른 가능성, 다른 사람들, 다른 일들로 시선을 잠시 옮겨보자는 의미이다.

부정적인 생각이던, 관계이던, 일이던, 집착적으로 바라보기 시작하면 한도 끝도 없이 매몰되기 마련이다. 마치 그 하나만 내 인생에 존재하는 큰 문제 더미인 것처럼.

하지만 내 인생에는 다른 가능성, 다른 상황, 다른 사람과 일이 존재한다는 것을 인지하는 것만으로도 부정적인 시야에서 벗어나 밝은 빛으로 나아올 수 있다.

코끼리를 생각하지 말라고 하면, 계속 코끼리가 생각나는 것이 사람의 심리다.

대신에 코끼리 옆에 있는 나무를 바라본다면, 코끼리가 아닌 하늘을 머릿속에 그린다면, 코끼리는 자연스레 머릿속에서 지워진다.

줌인 된 나의 좁은 시야를 줌아웃 시켜 조금만 더 넓게 보자는 의미이다.

그래서 모든 것에는 적정한 거리가 필요하다.
나 자신과의 거리도, 생각과의 거리도, 사람과의 거리도, 일과의 거리도.

Yourself

열다섯 번째,
멘탈이 강하다는 것

○ 열다섯 번째,
　멘탈이 강하다는 것

이틀을 하루 종일 잠만 자면서 보냈다. 무언가 원인이 되어 스트레스가 고도에 이르면 이렇게 무기력증이 찾아오곤 한다.

정신과 방문일이 되어 힘겹게 몸을 이끌고 병원을 향해 갔다.

선생님이 이번 한 주는 어땠냐고 질문했다.

나는 대답했다.

"어제 너무 무기력해서 하루 종일 잠만 잤어요. 그런데 하루가 다 지나서야 그 원인을 알았어요."

선생님은 그 원인이 무엇이었는지 나에게 되물었다.

"최근에 추상적인 목표를 좇고 있다는 생각이 들어서, 목표를 구체적으로 바꿔야겠다고 다짐한 이후로 무기력증이 찾아왔어요. 아마 그것이 저에게 큰 스트레스가 되었나봐요."

"나는 단무지씨에게 항상 느껴왔던 게, 단무지씨는 매 순간 힘이 바짝 들어간 채 살고 있다는 것이었어요. 사람이 잽을 계속 날리다가 한 두 번 강한 펀치를 날릴 때가 있는 것처럼 강약 조절을 잘 해야 하는데, 단무지씨는 늘 강한 펀치만 날리려고 해요. 이번 기회에 힘을 빼는 법을 배워봐요."

이 짧은 5분의 상담이 나에게 주는 큰 인사이트가 있었다.

이번 기회에
힘을 빼는 법을
배워봐요.

불로 태울 수 없다면,
물로 품어 버리는 편이
강해지는 방법이라는 것을
배우고 있다.

모든 문제를 돌파하는 것만이 멘탈이 강한 것이라고 생각해 왔는데, 어쩌면 힘을 빼고, 있는 그대로를 받아들이며 편하게 기다릴 줄 아는 것 또한 강하다는 것의 한 측면일 수 있다고 생각했다.

긍정적인 말과 부지런한 행동, 꾸준한 약물치료와 상담을 해도, 우울증과 무기력증은 계속 나타날 수 있다. 아마도 평생 관리해야 할 동반자와 같은 영역일 수도 있겠다.

그런데 이것을 꼭 극복하는 것 만이 멘탈이 강해지는 것은 아니다.

모든 것을 집어 삼키는 불도 강하다고 할 수 있지만, 모든 것을 품어버리는 넓은 호수도 다른 면으로 강하다고 할 수 있기에. 불로 태울 수 없다면, 물로 품어 버리는 편이 강해지는 방법이라는 것을 배우고 있다.

그런 의미에서 힘을 뺀다는 것은 현재의 것을 인정하고, 받아들이고, 어떤 결과가 나올 지 그 과정을 천천히 지켜봐주는 것이 아닐까.

자포자기하는 힘 빠짐이 아닌, 그렇다고 돌파하고자 아등바등 힘을 주는 것도 아닌, 인내의 영역으로 힘을 쓰는 것. 그것이 진정으로 멘탈이 강한 것이지 않을까.

인내의 영역으로
힘을 쓰는 것.
그것이 진정으로 멘탈이
강한 것이지 않을까.

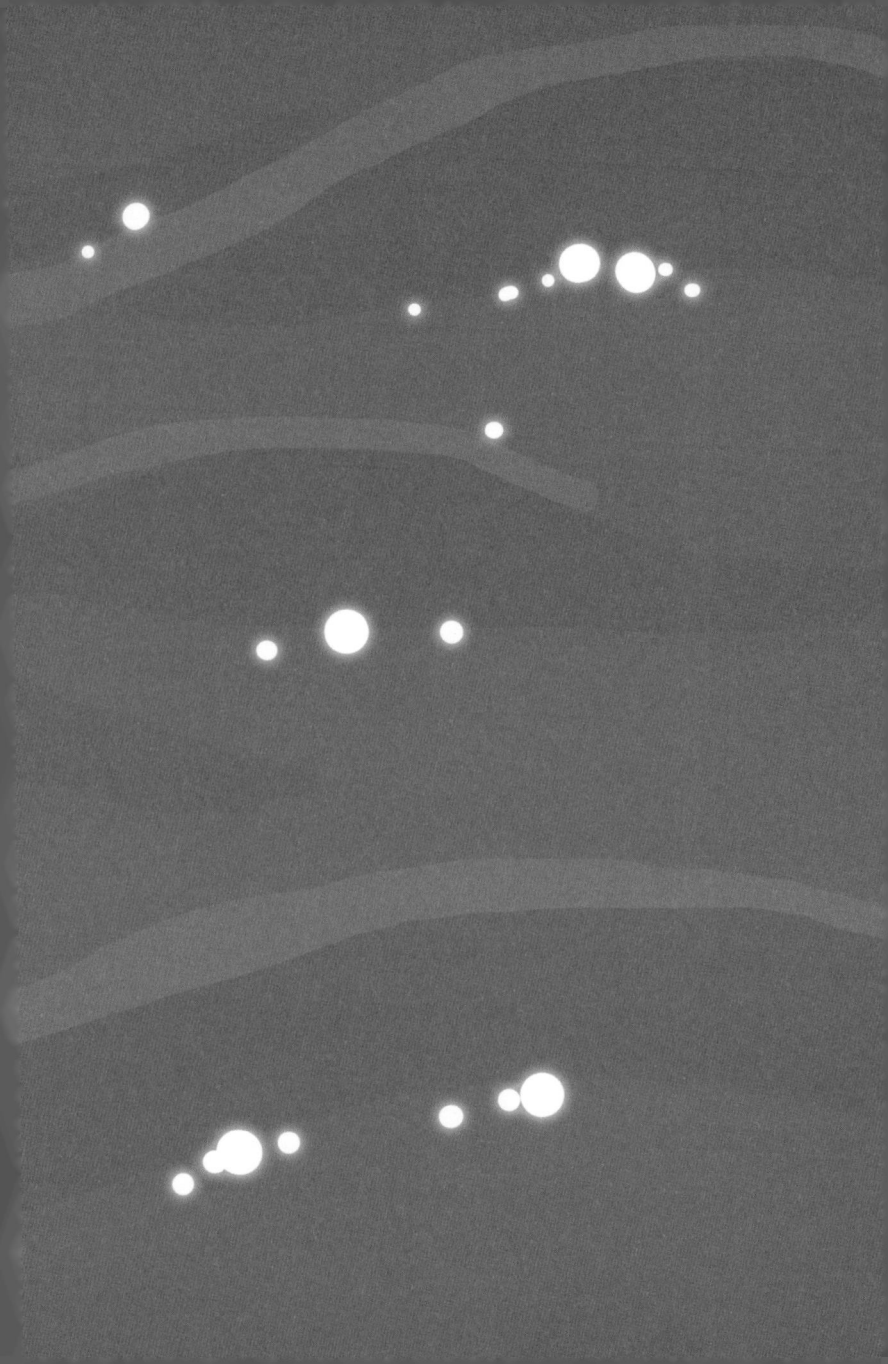

열여섯 번째,
살고 싶은 우리들

○ 열여섯 번째,
　살고 싶은 우리들

친구에게 '죽고 싶은 마음'을 주제로 책을 쓸 것이라는 이야기를 했다.

친구는 다짜고짜 화를 냈다.

"죽고 싶다고 말하는 거, 너무 이기적인 거 아니야? 그럼 너와 삶을 공유하고 있는 그 주변 사람들은 뭐가 되냐고!"

이것이 내가 이 주제로 이야기를 쓰고 싶었던 이유다. 가족과 지인들에게 죽고 싶은 마음을 말하면 매우 걱정하던지, 화를 내던지, 혹은 어쩔줄 몰라하는 반응을 보인다.

그러면 우리는 더 고립되고, 더 속마음을 말하지 못하는 악순환이 이어진다.

환자의 상처의 깊이와 흐르는 피를 보고 의사는 당황해 하거나 호들갑 떨지 않는 것처럼, 우리의 아픈 마음도 누군가에게 보여졌을 때 건강하게 받아들여지고 좋은 대안을 줄 수 있는 사회가 되었으면 좋겠다.

전문 지식이 없는 우리가 모두 의사의 역할을 해야된다는 말을 하는 것이 아니다. 적어도 당황해 하거나 과한 반응으로 상대를 고립시키지는 말아야 하지 않을까.

친구는 두 번째로 이런 말을 했다.

"앞으론 죽고 싶다는 말 대신 살고 싶다는 말을 해! 알겠어?"

"앞으론 죽고 싶다는
말 대신
살고 싶다는 말을 해!

"죽고 싶다."는 말이
결국은 어떻게든
"살고 싶다."의
다른 표현일 수 있지 않을까

친구의 처음 반응은 많이 격했다. 그런데 그 다음에 이어진 두 번째 말에는 어떤 인사이트가 있었다. '죽고 싶다.'는 말이 결국은 '살아내고 싶다.'의 다른 표현일 수 있지 않을까 하는 생각의 전환을 가져다 주었다.

덕분에 이런 의문이 생겼다. 같은 표현이라면 살고 싶다는 말을 놔두고 굳이 죽고 싶다는 표현을 써야 하나 하는 의문이 들었다.

그래서 그날 후로 나는 문득 죽고 싶다는 생각이 들 때마다 의지적으로 "살고 싶다."를 외치기 시작했다.

기분 탓인지는 모르겠으나, 살고 싶다를 외치기 시작하니 괜히 하는 일들이 긍정적인 힘을 갖

살고 싶다는 말에
생명력이 있는 것 같다는
생각을 했다.

게 되는 것 같다는 느낌이 들었다. 나의 삶의 해프닝들이 생명력을 가지게 되었다고 해야 할까. 글을 쓰는 것도 수월하게, 방향성이 척척 잡히고, 계약도 하나씩 성사되기 시작했다.

우연의 일치인지는 모르겠지만, 살고 싶다는 말에 생명력이 있는 것 같다는 생각을 했다.

그리고 같은 표현이라면 죽고 싶다는 말 보다, 살고 싶다는 말로 힘든 감정을 표현해도 좋지 않을까.

그렇다.

5천만 인구의 10퍼센트인 500만의 죽고 싶은 우리들은 사실은 삶을 간절히 살아내고 싶은 우리들이다.

당면한 어려운 문제를 잘 해쳐가고 싶은, 주어진 오늘을 힘차게 살아내고 픈 우리들이다.

죽고 싶은 우리들은
사실은 삶을 간절히
살아내고 싶은
우리들이다.

마치며

○ 마치며

이 글을 기획하면서 나 자신에게 이 주제를 쓸 자격이 되는지에 대해 여러 번 물었다. 나는 정신과 전문의도 아니며, 그렇다고 어떤 유명인사도 아니기 때문이다.

하지만 적어도, 누구보다 '죽고 싶다'는 감정에 공감할 수 있으며, 무기력과 우울감에 빠진 우리의 일원이기에, 조심스럽게 이 글을 써봐도 되겠다는 생각을 했다.

나는 어릴 적부터 죽음에 대해 생각해 왔다. '죽고 싶다'는 생각을 많이 했는데, 차마 죽음에 동반되는 고통을 감내할 용기가 나지 않아, 고통 없이 죽는 방법이 있다면(그리고 그것이 어떤 윤리 도덕적 문제가 되지 않는다면) 삶보다 죽음을 택하는 것이 더 편하고 좋을 것 같다는 생각을 했다.

환경적인 요인 때문이든, 뇌의 호르몬 작용 문제이든, 예민함의 문제이든, 심지어는 아무 이유가 없어도 괜찮다. 어떤 요인이 되었든 이런 우울한 감정에 의해 죽고 싶다는 생각이 든다면 정신과에 꼭 방문해보라 권하고 싶다.

이런 고통에 오랜 시간 노출되었고 그 무게를 고스란히 버텨왔던 경험자로서, 그리고 현재 정신과의 치료를 받는 한 사람으로서, 치료를 받기 전과 후의 느껴지는 삶의 무게가 현저히 다른 것을 체감하기 때문이다.

특히 사람들은 정신과 약에 대해 민감하게 생각하는데, 정신과 약은 스스로의 힘으로 건강하

어떤 요인이 되었든
이런 우울한 감정에 의해
죽고 싶다는 생각이 든다면
정신과에 꼭
방문해보라 권하고 싶다.

우리 사회가 좀 더
건강하게 죽고 싶은
마음에 대해 나누고,
건강하게 마음의 병을
치료받을 수 있게
되었으면 좋겠다.

게 생각할 수 있을 때까지 도움을 주는 보조제 역할을 할 뿐이지, 우리를 약에 의존적으로 만든다거나, 어떤 심각한 부작용을 초래하는 것이 아니다.

마치 어린아이가 자전거를 배울 때 보조 바퀴나, 자전거 뒷자리를 잡아주는 어른이 있는 것처럼. 아이가 스스로 자전거를 타게 되면 보조 바퀴도, 어른의 존재도 필요가 없어지게 된다.

우리 사회가 좀 더 건강하게 죽고 싶은 마음에 대해 나누고, 건강하게 마음의 병을 치료받을 수 있게 되었으면 좋겠다. 그러기 위해서는 내가 갖고 있는 정신과와 정신병에 대한 편견을 내려놓을 필요가 있다고 생각한다.

죽고 싶다는 생각이 들어도
괜찮다. 당신은 사실
간절히 살고 싶은 사람이다.

단지 삶의 무게가
너무 무거웠을 뿐이다.

정신과 선생님과의 대화를 통해, 죽고 싶다는 마음이 사실은 삶을 잘 살아내고 싶다는 내면의 간절한 외침이라는 것을 깨달은 것만으로도 내게는 많은 변화가 생겼다.

죽고 싶다는 생각이 들 때, 전에는 죽음을 더 크게 생각했다면, 이제는 삶을 더 크게 생각하게 되었기 때문이다.

죽고 싶다는 생각이 들어도 괜찮다. 당신은 사실 간절히 살고 싶은 사람이다. 단지 삶의 무게가 너무 무거웠을 뿐이다.

나의 삶의 무게를 인정하고 받아들이는 것은 결코 나약한 것이 아니다. 나약하다기보다, 내 근력에 맞지 않은 무게를 버티려고 발버둥 치고 있었을 뿐이다. 내 힘보다 과한 무게를 들면 누구나 탈이 나기 마련이다. 이것을 자연스레 받아들이는 것이 마음이 건강해지는 첫걸음이다.

그렇게 우리는 정신과의 도움을 받든, 주변의 도움을 받든 나에게 맞는 무게를 찾아가고, 그 무게를 버텨냄으로써 더 무거운 무게도 들 수 있는 근력을 키워가면 된다.

조급해 하지 말자. 천천히 다져진 땅은 훨씬 단단하고 튼튼한 기초가 된다. 나에게 맞는 속도로 천천히 마음의 근력을 키워가면 어느 순간 탄탄한 기초 위에 가파른 성장이 있을 것이다.

끝으로 나의 부족하고 솔직한 이 이야기가 죽고 싶었던 우리에게 조금이나마 위로와 공감이 되었으면 하는 마음을 담아.

이 글을 마친다.

나만 죽고 싶은 줄 알았지

초판 1쇄 발행 2024년 3월 15일

지은이 단무지
발행인 단무지
편 집 단무지
그 림 단무지
디자인 단무지
마케팅 단무지

펴낸 곳 단무지 스튜디오
출판등록 2023년 10월 12일(제 2023-000083호)
이메일 danmuzi.toon@gmail.com
인스타 https://www.instagram.com/danmuzi.toon/
블로그 https://blog.naver.com/danmuzi_toon

ⓒ 단무지, 2024

ISBN 979-11-985455-2-7

이 책은 저작권법에 의해 한국 내에서 보호를 받는 저작물이므로
무단 전재와 무단 복제를 금합니다.
책 내용의 전부 또는 일부를 이용하려면 반드시 저작권자의 동의를 받아야 합니다.

* 책값은 뒤표지에 있습니다.
* 잘못된 책은 구입하신 곳에서 바꾸어 드립니다.